Frithilde Zimmermann-Steigert

„Siehe, ich mache alles neu“

Frithilde Zimmermann-Steigert

„Siehe, ich mache alles neu“

Meditationen der Hoffnung

Badenia Verlag Karlsruhe

Umschlagbild

Nach der Apokalypse: „Siehe, ich mache alles neu", Geheime Offenbarung Johannes auf Pathmos. Die Geburt der neuen Erde, des wiedererstandenen Planeten nach der apokalyptischen Zerstörung.
Gemalt von Frau Frithilde Zimmermann-Steigert.

Herstellung:
Badenia Verlag und Druckerei GmbH, Karlsruhe
ISBN 3 7617 0087 3

Einführung

Meditationen in der heutigen Zeit? Wie wird der Mensch heute fähig, seine Gedanken zu sammeln?

Mit diesem Bändchen kann man sich in die Musik der angeklungenen Sprache hineinhören und still werden bei der zum Innersten führenden Welt des Schönen und Reinen. Wortklang, Geist und Gemüt treffen sich an den Grenzen des Transzendenten, des Überirdischen, des Überschaubaren. Welches Erahnen wird da wach! Der Glaube scheint kein Wagnis mehr. Das Hoffen endet in unsagbarer Tröstlichkeit.

Diese Meditationen zählen zu den reifsten Schöpfungen auf dem Gebiet der Gedankenlyrik. Sie leuchten gleichsam visionär hinein in die letzten Bezüge des Menschen zum Ewigen hin, treffen aus jener Welt an der Grenze des Begreifens wieder zurück zum Lebensraum des Lesenden. Wie verinnerlicht weiß die Autorin einzustimmen in das Dasein des Menschen, wo so vieles an Fragen auftaucht, die sich nur in der Nähe von diesen Meditationen lösen lassen. Es ist aber oft auch nur ein Anker, der ausgeworfen wird, im Meer von Angst und Tränen, an dem sich dann die Hoffnung festhält, die reif aus solchen Betrachtungen dem Leser zufließt. Oder es sind, übrigens zum ersten Mal in dieser Form, dankende Gedanken der Treue und Liebe, die sich an die Ordensleute und an die Priester wenden.

„Gedichte der Einfachheit", so nennt die Autorin die Gaben ihrer Lyrik. Sie sind verständlich in ihrer Sprache und Aussage. Der Hauch der Worte klingt klar, wahr und stark zugleich. Man blickt wirklich „in ein helles Licht, man trinkt aus einer Quelle", die labt und neuen Mut zum Leben leiht. So ist dieser Kranz empfundener Meditationen eine Gabe, ein Geschenk, das einem Kristall gleicht, in dem sich das ewige Licht der Schöpfung sammelt und zerstreut, das eindringt auf die Menschen und ihnen die Spur des Geistigen weisen will.

Frithilde Zimmermann-Steigert ist am 30. November 1920 in Ebersteinburg bei Baden-Baden geboren. Sie lebt in Karlsruhe. Mit diesem Bändchen stellt sie einen Ausschnitt aus ihrem Werk vor, das ein dichterisches Schaffen von über 30 Jahren zum Inhalt hat.

Noch einmal

Ich wollte noch einmal beginnen
wie damals als Kind,
den Dingen entrinnen,
die das Schicksal bestimmt.

Noch einmal? –
Wieviel Wünsche umkreisen mein Sein,
noch einmal wollt' ich beginnen,
die Saat zu streu'n. –

Noch einmal –
ich wünschte begehrlich,
wollt' ich ein Kind noch sein,
wie wäre mein Leben ehrlich,
ganz ohne Schein.

Noch einmal –
meine Tage wollt' ich leben
in mehr Geduld,
still und ohne Klage und ohne Schuld.

Noch einmal?
Wenn ich überdenk',
ist dieser Wunsch alleine
schon ein Geschenk.

Noch einmal? –
Ich weiß es nicht –
es sind nur späte Gedanken,
sie haben kein Gewicht.

Die alten Dächer

Die alten Dächer weinen
Vergangenem die
Tränen nach.
Die neuen Menschen
meinen –
was war – war Schmach.

Was war – was ist –
was wird?
In Jahrhunderten denken,
der Zeit sich zu schenken,
das Alte nicht kränken.
Was wird? –
Erkennen,
daß am End'
sich jede Zeit geirrt.

Meditation in der Nacht

Doch in der Nacht,
wenn die Stunden schlagen
und die Zeit nicht mehr tickt,
da webst du deine Sonnen
und silberst die Monde in die
Tiefen der Verlorenheiten.
Es schweigen die lauten Töne des Tages,
und die Wunden der Erde scheinen verbunden.
Es ist still,
alle sind sie still,
und die Lautesten
sind ein Schweigen geworden,
nur der Glanz der Gestirne ist lebendig
im Flimmern des Leuchtens.
Du hältst sie alle in deinen Händen,
im Wissen um jedes Geschöpf
auf deinen Planeten,
die du erschaffen.
Welch eine Hoffnung!
Brüder und Schwestern
zu wissen im All,
die dein sind und mein sind,
wie ich dein bin.

Meditation im März

Kühle und Regen,
das Licht läßt warten,
der Sonne Segen
birgt der Garten.
Noch stilles Ahnen –
die Erde bereit
für den Samen
in dieser Zeit. –
Nichts ist sichtbar –
ich blicke mich um,
schon wird es lichtklar,
wann werde ich ruh'n?
Nur kurze Tage
im Erdenschoß.
Leid ohne Klage –
Früchte – so groß.
Stirb in der Erde,
der Himmel steht offen,
aus dunkelster Fährde,
vom Lichte getroffen.

Meditation vor dem Grünewald-Christus in der Kunsthalle Karlsruhe

In dunkle Nacht,
in finstere Welt
ward deine Macht
ans Kreuz gestellt.

Dein Leid zum Tod
in Glut und Pein,
in letzter Not
im Weltensein.

Der Mutter Schmerz
wird Herz der Welt,
von dir und ihr
allein erhellt.

Vater – Vater –
Schrei der Welt –
der Vorhang reißt –
der Abend fällt.

Gebreitete Arme,
das Haupt gekrönt,
geneigte Demut –
die Welt versöhnt.

Heimzufinden

Heimzufinden in der Nacht,
heim, aus regennassen Straßen,
wenn noch einer für mich wacht,
meine müde Hand zu fassen,
heimzufinden in der Nacht.

Heimzufinden in der Nacht,
überall sind finst're Mächte,
fassen mich die dunklen Mächte,
o, daß einer für mich wacht,
daß ich finde heim bei Nacht.

Heimzufinden in der Nacht,
wenn ein Licht noch für mich brennt,
einer meinen Namen nennt
und bei Nacht an mich gedacht.
Tröstlich ist es, heimzufinden,
heimzufinden in der Nacht.

Golgota

Ein Tag im Dunkel,
ein Tag in Moll,
keiner sagt,
daß man ihn
streichen soll.

Der Tag weint
einem bekannten
oder unbekannten Gott zu.
Die Natur beginnt zu lächeln,
indem die Engel
die Flügel
über den Frost
der Erde breiten,
während die Menschen
die Passion
in den Kirchen feiern,
oder andere
die „Gott-ist-tot"-Theorie verbreiten.

Es ist dies ihre
beste Stunde,
denn „Er" ist
schmachvoll ohnmächtig –
tot – der Gott –
den es nicht gibt für sie,
der Gott der Kalender
und der Vorstellungen.

Aber ein ganz anderer,
ein Glutvoller, Metallener,
Liebebrennender,
Verbrennender und Seiender
wird heute
seine Welt
umspannen
und jedes Herz
im Universum
tröstlich
in den
ausgespannten Armen
am Kreuz entsühnen.

Visionäre Meditation am Ostertag 1945

Sie gingen an mir vorüber im Gleichschritt. –
Gesichter – die darben.
Ich stand allein am Weg,
und sie – ach sie – sie starben.

Das Schicksal teilte Wunden aus,
am Himmel standen Bäume,
Granaten fielen auf mein Haus,
metallentiefe Träume.

Dann sah ich in der dunklen Nacht
auf manche deiner Uhren.
Doch deine Zeit – sie blieb nicht steh'n
trotz ausgebrannter Fluren.
So wagte ich erneut zu hoffen
und glaubte – da er auferstand
und alle Leiden überwand –
auch dieses Land
vom Licht getroffen.

Ostermorgen

Ostermorgen, Sonnenlicht,
Lied der Amsel,
Schmerz zerbricht.

Herz in Sorgen – Herz der Welt –
Ostermorgen –
sei bestellt.

Herz aus Feuer – Herz aus Klang –
Menschenseele,
sei nicht bang.

Lust und Wehe,
Weltensang –
Mensch – ich sehe
dich liebend an.

Alles ist Wandlung,
der Tag weicht der Nacht,
nach Stürmen und Brandung –
sei lichtbedacht.

Ein Lied dir geborgt,
in Last und Leid –
sei unbesorgt –
in dunkler Zeit.

Meditation über die Freundschaft

Ich möchte lieben,
was der Freund liebt
und möchte verstehen,
was der Freund versteht.
Ich möchte keine
Streitgespräche
noch Diskussionen
mit denen, die ich liebe,
denn gar bald tritt der
Dämon in den Raum
und zerstört
die Gedanken
und den Duft
der Stunden.
Wenn ich zuhöre
und nachdenke,
hat der andere
mir viel zu sagen.
Wenn der andere lauscht,
bin auch ich
nicht leer.
Einer trage des anderen
Last. –
Einer höre des anderen
Wort.
Ich möchte lieben,
was der Freund liebt –
ich möchte verstehen,
was der Freund versteht. –

Meinem Kind

Kleines Herz am Kindermorgen,
liebes Licht im Sonnentag,
kleines Herz und kleine Sorgen,
keiner weiß – was kommen mag.

Jeden Tag dein Herz wird älter,
Kindertage sind gezählt,
und die Wege gehst du selber,
die ich jetzt für dich gewählt.

Blickst du dann mit Kinderaugen
diese Welt noch immer an,
wird dies Glück dir niemand rauben,
das dir als Kind so wohl getan.

Meditation in der Angst

Was ängstigst du dich und was hat dir
am Tag den Glanz genommen, indem
die Nächte den Frost erlitten
und der Sturmwind die Saaten gestreift?
Was ängstigst du dich?
Wußtest du nicht, daß Kälte und
Finsternis vorausgehen,
daß Winde aufheulen müssen, um
Stille, Ruhe, Licht und Wärme
empfangen zu können?
Was ängstigst du dich?
Die Weltliebe umschließt darin auch dich
und trägt unentwegt ihre Spuren in dein Dasein.

Späte Jahre

Trägst du hart an späten Jahren,
rückt die Nacht dir nah heran,
hast die Tage voll erfahren –
Lust und Leid – wer denkt daran.

Doch im Dunkel auf den Kissen
kehrt zurück, was lange war,
und in stillen Finsternissen
wird ein Sinn dir offenbar.

Es verliert sich die Gewöhnung,
alte Schuld – sie zählt nicht mehr,
und es gilt nur die Versöhnung,
sei die Last auch noch so schwer.

Meditation über das Vaterunser

Unser Vater,
du bist in den Herzen aller Menschen und
durchdringst das kleinste Atom.

Zu dir blickt deine verlorene Welt, die nicht
mehr um ihre Heimat weiß und um ihr Ziel.

Wo du bist ist Himmel, in uns, um uns,
über uns und unter uns.

Du lebst und webst in allen Dingen,
dein Name ist unaussprechlich und geheiligt.
Dein Reich komme und entstehe immer mehr,
aber deine Erde blutet und weint Tag und Nacht,
das Weinen eines untröstlichen Kindes.

Deine Kinder erschlagen einander. Um ein
Stück Land, das ohnehin dir gehört, werden Kriege
geführt und die Aufrüstung nimmt nicht ab.
Die reichen Länder werden immer reicher
und die armen bleiben arm.

Es fällt nicht leicht zu sagen:
Dein Wille geschehe. –

Die Herzen der Menschen sind verirrt und
verwirrt, und du bist ein Fremder
in deinem Eigentum. Und doch gibst du das
tägliche Brot, uns sogar in einer Fülle,
die unruhig machen muß, weil deine Völker auf
dem anderen Teil deines Planeten verhungern.
Wer bittet dabei um Vergebung?

Lasse zu, daß es getan werde,
damit die Welt nicht verlorengehe, und
lasse uns einander vergeben,
wie wir von dir Vergebung erhoffen.

Führe deine Welt aus Dunkelheit und Verirrung,
damit sie nicht in Versuchung gerät
und dabei erliegt.
Erlöse sie von all diesem Bösen, denn sie ist dein,
dein in aller Unermeßlichkeit, in aller Kraft und
Herrlichkeit, dein in Raum und Zeit und Ewigkeit.

Immer wieder

Immer wieder ist ein Tag,
immer auch ein Abend,
eine Nacht, ein Amselschlag,
jubelnd oder klagend.

Und ein Schlaf voll tiefer Ruh
deckt mit seinem Segen
die müde Seele gütig zu,
und nichts mag sich mehr regen.

Doch die junge Tagesfrühe
und ein Sonnenstrahl im Raum
teilt mit mir die neue Mühe
bis ich in den Abend ziehe,
und die Seele merkt es kaum.

Für Frau Müller-Serten

Ich sehe dich an dunkler Pforte steh'n,
am Rand des Lichtes sehe ich dich schreiten,
ganz so, als wie beim Zubereiten des Mahles. –
Du lächelst zärtlich meiner Seele zu –
ein Hauch nur im Vorübergleiten.
Du bist auch jetzt – was du seit je gewesen –
nur königlicher noch – so möcht' ich sagen –
ist dein Gang.
Und was das Leben dir hat aufgetragen –
davon wirst leise du genesen,
und Lust und Leid und
Schmerz und Freud' –
wird nun zum stillen Lobgesang.

Den Ordensfrauen

Es ist so gut,
daß wir die Frauen
mit den Kronen haben,
die sie tragen – unsichtbar,
doch sichtbar jedem,
der sie sehen will.
Es ist so gut,
daß wir die Frauen
mit den Kronen haben,
die sich den Leidensvollen neigen
und beten – schweigen.
Dies ist so gut!
Die Welt, sie stirbt vor Lust
und vor Begehren,
und Torheit bleibt
an allen Enden.
Es ist so gut,
daß wir die Frauen
mit den Kronen haben,
sie tragen Lampen,
welche brennen
für die dunkle Welt.
Es ist so gut,
zu wissen,
daß noch Beter sind
in den Konventen
und unsere Welt,
wie sie auch irrt,
von dort erhellt
und neu gesegnet wird.

In der Nacht

Was am Tage leidverloren
dir der Seele Flügel nahm,
hat die Nacht sich auserkoren,
wenn die sel'gen Geister nah'n.

Sanft auf Silberwolken warten
sie am Rand des Taggeschehens
und des Schicksals tausend Arten
glätten sie dann unversehens.

In die tiefe Nacht versunken,
volles Licht im Mondenschein,
und von Schlaf und Zauber trunken,
kehrt die müde Seele heim.

Meditation eines Trauernden

Du bist hingegangen – wie einer von vielen
und hast nichts mehr gesagt.
Leise hast du die Welt verlassen,
und nur die Spur deiner Füße
sind meinem Herzen noch sichtbar.
Auch das Knirschen des Kieses
bei deinem Gehen ist mir geblieben,
und die Turmuhr schlägt immer noch
vier in der Dämmerung
der Morgenfrühe. –
Von fern webt der neue Tag,
und das Licht wird zur
tröstlichen Hoffnung,
indem das Dunkel
sich immer darin verliert.

De profundis

In der Welt bin ich gefangen
und von Wunden übersät,
im Dunkel bin ich weit gegangen
und kann zu Lichtern nicht gelangen,
verloren scheint – was ich gesät.

Und so bin ich in vielen Ängsten,
am Morgen – abends – in der Nacht,
und wo der Weg am allerlängsten
und mein Herz am allerbängsten,
ward weise schon an mich gedacht.

Und alle meine leeren Worte,
sie sind mir wie im Sand verweht.
Ich weiß: Gott ist an jedem Orte
und ganz gewiß an jener Pforte,
durch die auch meine Seele geht.

Unnennbarer

Du bist der Atem,
du bist die Glut,
du bist das Wasser,
Ströme genug.

Donner und Blitze,
Regen und Tau,
brennende Hitze,
Winde so rauh.

Dunkel und Helle,
Tage und Nacht,
Ströme und Quelle
hast du bedacht.

Länder und Meere,
tief und so weit,
himmlische Heere,
voll Ewigkeit.

Licht und Schatten,
Sonne und Mond,
Kosmos und Sterne,
lichtbewohnt.

Belebte Atome,
geballte Kraft,
Legion Elektrone
Schöpfung dir schafft.

Staubkorn der Erde,
ein Mensch zu sein,
Lust und Beschwerde,
schuldvoll und rein.

Zauber der Sprache,
Vergebung und Schuld,
leere Hände,
Gottes Geduld.

Mensch und Fremdling,
er liebet dich,
Senfkorn in Erde,
das bin ich.

Den Priestern und Ordensleuten

Wer denkt schon an euch,
ihr stillen,
dunklen Gestalten,
die ihr aufsteht
vor Tage,
unentwegt zur
gleichen Zeit.
Die ihr der Welt
Zeichen setzt
an den Altären
und verborgen
in den Konventen,
die eure Heimat geworden,
die ihr die Hände faltet,
damit die Welt
nicht verlorengehe,
damit die Menschen
aufhorchen,
ihren Wandel ändern
und ihr Herz.
Wer denkt schon an euch,
die ihr aufsteht
in der Frühe,
die Matutin
und Laudes
zu singen,
betend für eine heillose Welt,
während diese
immer Rüstzeit hat
für Vernichtung allenthalben?

Segen der Welt,
daß ihr seid,
ihr stummen Beter,
ihr stillen Boten
aus der anderen Welt.
Wißt ihr, daß die Welt
euch braucht
wie das tägliche Brot,
daß die Not
in eure Hände gelegt
und daß die Welt
schweigend nach
euch ruft?
Wer denkt schon daran?
Ihr stillen, dunklen Gestalten –
wie gut, daß es
euch noch gibt –
wenige zwar,
aber die Menge
stand noch nie
auf verloren scheinendem Posten.
Christus war auch allein
in einer Welt
voll Irrtum und Unwissenheit.
Wer denkt schon daran?
Die Welt braucht euch,
ihr Beter
in den Zellen der Klöster
und an den Altären!
Denkt i h r daran?

Im Schatten seiner Flügel

Was die Welt dir hat geboten,
hat dein Herz nicht angerührt.
Lust und Leid fällt zu den Toten,
und die treuen Engelsboten
haben dich hierher geführt.

Ferne ist, was einst gewesen,
ferne, was dereinst wird sein.
Wirst vom Leben nun genesen,
von den Schmerzen, von dem Bösen,
ausgelöscht ist alle Pein.

Wie die Dinge sich gestalten
werden sie einst anders sein.
Wenn das Licht wird sich entfalten,
wirst du Gottes Hände halten,
und „Er“ fügt seine Liebe ein.

Dem Freund

Daß ich gläubig für dich bete,
ein wenig dir und mir zum Heile,
nehme diese kleine Zeile,
so, als ob ich mit dir rede.

Sage nichts und schweige stille,
lange Jahre sind gelebt.
Sieh' die Zeit und ihre Fülle,
spür' die Stund', die daran webt.

Vergessenes Kreuz
(1968 in Bulach)

Du vergessenes Kreuz
beim einsamen Baum.
Sie fahren vorbei –
nah' und weit,
kaum, daß einer dicht sieht.
Und du stehst unentwegt
in lärmender Zeit,
zum Schweigen bereit.
Die Straßen sind aufgerissen
und Schlangen von Rohren
liegen verloren
auf Steinen, Sand und Geröll.
Technik – ferngesteuert in rot, gelb und grün –
veranlaßt den Strom
aus Chrom, Nickel und Stahl,
langsam und schneller zu steuern
oder still zu steh'n,
nur eine Minute lang.
Wie lang – wie kurz?
Und du stehst unentwegt,
du vergessenes Kreuz,
am Rande der Straße, etwas erhöht.
Wie lange noch?
Du einsames Kreuz –
Du vergessenes Zeichen
verlorenen Glaubens.
Du tröstliches Dasein
in trostloser Zeit. –
W i e l a n g e n o c h ?

In der Krankheit

Auch wenn wir schmerzbeladen,
der Tag bleibt nicht besteh'n
und leiden wir auch Schaden
und müssen vieles tragen,
auch dieses wird vergeh'n.

Und wenn wir nichts mehr wissen
und gar nichts mehr versteh'n,
verloren und zerrissen
steh'n wir in Finsternissen
und können nichts mehr seh'n.

Bis sich nach tiefen Nächten
ein Engel schweigend neigt
und allen dunklen Mächten,
die Leib und Seele schwächten,
sich Gottes Liebe zeigt.

Das andere Ufer

Ich habe lange nichts mehr gehört
von den anderen Ufern,
die nur erreichbar
über Brücken und Weiten des Landes,
das sich Stille nennt und Einsamkeit. –
Allein muß ich gehen,
dann werde ich sehen,
bin nicht mehr blind und verwirrt
vom lauten Getue
der großen Verlorenheit,
inmitten des Wohlbehagens,
das dem Untergang
noch immer vorausging.

Meditation über die Liebe

Ich liebe dich –
welch ein Wort,
lichtvolle Höhe,
dunkelster Ort.
Ich bin für dich da,
das Wort wiegt schwer.
Ewiges „Ja“ –
Versagen – Bewähr.
Glühende Sonne –
sanftester Mond,
alles in einem
in uns wohnt.
Und bist du Blüte,
du ahnst es kaum. –
Gott behüte
am Tage den Traum.

Gestern - heute - morgen

Ich will nicht an das „Gestern“ denken,
das „Heute“ sei mir ganz bewußt,
das „Morgen“ wird mich weiter lenken
und mich zum Abend noch beschenken
und gibt mir neue Lebenslust.

Und was ich je in Angst erfahren
und wie mein Leben leidbeschwert,
was mich bedrängt in langen Jahren,
im „Morgen“ wird sich offenbaren,
das Herzstück blieb doch unversehrt.

Ist Vorübergang

Sag, was dir zuletzt verblieb?
Leuchtende Stunden?
Sie sangen das Lied
des Vergehens,
und trauernd
gleitet der Blick
zurück
in das Meer
des Vorübergangs.
Trauer?
Sie nähret die Seele,
bereitet die Glut
des Kommenden,
das die Hoffnung verbirgt
und der Glaube erahnen läßt.
Laß dich umfangen
Gegenwart,
mit der Süße der Freude,
mit allen Schwertern
und dem Dunkel
der Einsamkeit,
damit die Kelter getreten
und der Wein lauter werde.
Laß dich umfangen,
daß mein Herz ausgegoren sei,
denn der Kelch ist
auch nur Vorübergang.

Gebet

Wie sind wir, Herr, beladen
mit Weh und Schmerz und Schaden
auf dieser, deiner Welt.

Wir tun dich nicht verehren
und unser Herz bewähren,
so, wie es dir gefällt.

Auch hält die Welt gefangen
mit Lust uns und mit Bangen
und tröstet uns doch nicht.

Doch du bist unsre Stärke,
gibst Glanz so manchem Werke
und ab und zu ein Licht.

So müssen wir beklagen,
wir hasten nur und jagen –
dein Leuchten aber seh'n wir nicht.

Fülle der Stunden

Fülle aller späten Stunden,
golden steigt im Glas der Wein.
Narben sieht man, keine Wunden,
Frieden hüllt die Seele ein.

Keiner weiß, was wird geschehen,
Transzendenz wird nicht gewahr,
und es wird wie Sand verwehen,
das Heute – Gestern – kaum gesehen,
und Gott allein ist ewig wahr.

Transzendente Meditation

Es wird die Nacht sehr hell dir sein,
der Tag will leis' verdunkeln,
und über Glanz und Licht und Schein
versinkt ein Mensch, und er ist dein.

Welch Lichtgefüge – welche Lust –
kein Aug' ersah – kein Ohr erhört –
kein Mensch erfühlt in seiner Brust,
was neu in Glut und Glanz ihm scheint.

Kein Tag so hell, kein Licht so rein,
kein Aug', das eine Träne weint.
Kein Leid so gram, so groß kein' Schuld. –
Gott nimmt dich an – Er hat Geduld.

Im Herbst

Es scheint, als hielt der Sommer Rast
im letzten Blüh'n in rot und gold.
Die Tage gleiten licht und hold
vorbei, wir sind nur Gast.
Noch hängt das Glüh'n in allen Weiten,
die Sonne sich in Schleier hüllt
mit Korn und Sonnentrank aus den Gezeiten.
Noch steh'n in Blüten unverwandt,
fast königlich der Gärten Zierde.
Und über'm Zaun geneigt, das Haupt voll Würde,
grüßt Nachbars Sonnenblume still das Land.
Wer jetzt nicht Demut hat und großen Dank
und wer sein Leid nicht kann verwinden
zu neuem Anbeginn und voller Reife,
der ging vergebens durch das Glüh'n im Land.
Wir sind nur Gast und können seh'n und finden
und wär's zum Trost erst bei des nächsten Sommers
gold'ner Reise.

Die große Ernte

Längst wär' die höchste Erntezeit
in allen großen Dingen,
und leise wird die Heiterkeit
der goldenen Tage verklingen.

Es ward uns lange Zeit belassen,
das Nötige zu tun,
die vollen Tage zu erfassen,
bevor es Nacht – zu ruh'n.

Und wer nicht viel zu ernten hat
wird lange darben müssen,
bis er erreicht den schmalen Grat,
um Gottes Hände stumm zu küssen.

Und wer der Saat vergessen hat
im Acker, den er sollt' bestellen,
auch er wird nach dem Erntetag
sich Gottes Freunden zugesellen.

Später Sommer

Nach dem Süden zieht es hin,
sommerlicher Vogelsang,
langer Winter, schwer und bang
geht mit mir den Weg entlang.

Lose Blätter langsam fallen,
müde von des Sommers Lust,
tausend helle Lieder hallen
noch einmal in meiner Brust.

Und wie meine Augen schauen,
Vogellied und Sommersang,
will ich mich dem Geist vertrauen,
der mich aus der Erde nahm.

Lose Blätter, letztes Blühen,
späte Jahre – schwer und bang. –
Wie ich liebe – wie ich lebe,
wie ich weine – mich erhebe,
lausch ich einen Winter lang
dem gewaltigen Gesang.

Meditation eines alten Menschen

Die Monde haben alle geschienen
und die Sonnen sind untergegangen.
Die Lichter sind am Verlöschen, und die Wände
meines Hauses sind brüchig geworden. –

Alle Lieder sind zu Ende gesungen,
und alle Gedanken, sie sind gedacht.
Die Träume sind ausgeträumt,
die Worte sind alle gesprochen
und die Tränen – sie sind geweint. –

Nun singen in der Nacht die Chöre der Seraphim,
während meine Seele schläft, sie versöhnen mich
mit dem, der mich nicht auslöscht.

Meine Schulden sind beglichen
und den Freunden ward Abschied gesagt
mit einer Schale aus grünem Kristall
und silbernen Kugeln. –

Auch der Feinde ward gedacht. –
Was im Leben Unmöglichkeit ward,
wird jetzt möglich. –

Hoffnung wird Erfüllung,
Glaube zur Wahrheit,
Tod zum Leben,
Leben zur Liebe.

Herbst auf der Schattenburg

Im Garten der Burg, die Tische leer –
kein Mensch zu sehen, die Luft ist schwer.
Späte Sonne, Blätter so bunt,
räkelnde Katze, bellender Hund.

Offene Tore – wilder Wein,
Stimmen im Ohre – später Schein.
Lange Jahre – gefüllt bis zum Rand,
silberne Haare – und eine Hand.

Anfang und Enden – schicksalbewegt,
Brot in den Händen, Dank im Gebet. –
Bald wird es stille, Dunkel wird Licht –
ewige Fülle – Gottes Gesicht.

Meditation über einen Traum

Ich hab' meine Harfe verloren,
und der Sturmwind spielt in den Saiten –
viele Nächte lang. –
Aber am Abend des Verglühens
erblicke ich sie greifbar nahe,
meine Hand ist schwer und meine Finger
entlocken ihr keinen Laut.
Doch die leeren Saiten summen noch immer
die Psalmen der frühen Jahre. –
Zu spät – scheint mir. –
Kein Weg führt dahin,
zu finden, was der Wind
als sein eigen genommen.
Was bleibt, sind die Töne des Erinnerns
und die Spur zu neuen Ufern,
die von fern sichtbar,
im Glanze glutvollen Licht's.

Der verlorene Sohn

Du ließest mich einfach geh'n
in die Dunkelheit trostloser Nächte.
Wie ein Kind,
das nach dem Schmetterling springt
ging ich hinaus,
nicht ahnend,
daß hinter dem Tor
Tod und Verderben lauscht
im Moor. –
Und du ließ't mich geh'n
durch Tiefen und Weiten.
Der Tag schien schön,
doch die Mächte streiten,
die Nächte waren kalt
und voller Gewalt
und dunkel an allen Enden!
Geblendet aus deiner Sonne,
das Dunkel zu wenden,
sah ich Weg
und fand ich Steg
und kam aus Fernen unwegsam
zu dir,
aus Dunkel mit weinendem Herzen.
Und du ließ't mich wandern
und hast mich dennoch gesegnet
reicher als alle andern.

In der Krankheit

Wenn Heimgesuchte sich der Krankheit fügen
und lernen, mit dem Schmerz zu leben,
der sie von allem Liebgeword'nen trennt
und der sie einsam werden läßt – allein.
Nächtelang – verzweifelnd bang,
lebendig und doch ohne Kraft
zu tun, was jeder andere schafft.
Und wenn die Zweifel in der Seele bohren
und man das Leben nicht versteht
und Glaub' und Hoffen scheinen fast verloren,
und wenn man dennoch sich der Weisheit fügt,
dann wird sich in der Seele leise
ein Engel zeigen – noch verhüllt.
Verborgenheit ist Gottes Weise,
Verhüllung ist der Ewigkeiten Bild.

Nichts ist sichtbar

Nichts ist sichtbar,
wenn wir hier schau'n,
spät wird die Sicht klar,
sein heißt – vertrau'n.

Dunkelste Tage –
sie gehen vorbei,
was soll die Klage,
das „Morgen" ist neu.

Und was vergangen,
versinkt dir im Raum.
Leben auf Erden
ein kurzer Traum.

Eine Sekunde
ist wie ein Tag
und tausend Jahre
ein Glockenschlag.

Menschsein ist Gnade,
Dunkel wird Licht,
ewige Sonne –
Gottes Gesicht.

Schwarzer September

Es werden Menschen geboren,
und sie leben schlimmer als die Tiere.
Es werden Städte geschaffen,
und jedes Jahrhundert erhält seine Trümmer.
Kriege werden verloren,
und die heute geboren, sind die Toten von morgen.
Raketen werden zum Mond gejagt, und die
sie begleiten, sind Geschöpfe des Planeten Erde.
Die nicht mehr zurückkehren, sind schon verloren,
bevor sie darum wissen.
Atome werden zertrümmert, Energien werden frei,
aber das menschliche Herz stirbt langsam ab,
weil seine Erfüllung Frieden ist.
Unzählige „schwarze September" treiben
im August, im Februar, im März ein tödliches Spiel.
Nur wenig Namen werden mit Druckerschwärze
benannt, und wieder begräbt das Jahr
die Schuldlosen.
Sie müssen hingehen, damit die Welt endlich
wach werde. Wie lange noch?
Wann lernt der Mensch aus Jahrhunderten
Geschichte, wann aus Erfahrung von Generationen?
Wann endlich aus Weisheit?

Im Karlsruher Schloßpark im Oktober

Sanfter Glanz in später Stunde,
hochrot – golden, Baum und Strauch,
stiller Teich in sanfter Runde,
letztes Blüh'n im Park und bunte
Farben glühen in mir auch.

Und auf grünbekränzten Wiesen
lange Schatten scheidend liegen,
leise will das Jahr sich schließen,
mit letzter Glut den Sommer grüßen,
jedes Herz muß sich dann fügen.

Ist der Tag auch bald zu Ende,
wird die Nacht viel tiefer sein,
heute faß' ich deine Hände,
geh' versonnt durch das Gelände
und hülle mich in Leuchten ein.

Gedanken im Herbst

Laß mir ein wenig noch die Heiterkeit
der goldverklärten, sommerlichen Glut,
die mir dies Leuchten immer noch beschert. –
Ein wenig noch – Herr –
laß' mir diesen, deinen Glanz,
verwebe meine Tage mit dem sanften Glüh'n
der Erde,
verwandle noch einmal mein Sinnen ganz
und sprich zu mir
ein neues „Werde".

Später Herbst

Die letzten hellen Tage sind vergangen,
sie waren tief, wie Purpur rot.
In Sonnenkringeln ward die Luft gefangen,
die späten, vollen Früchte, die noch hangen,
der Herbst zum Abschied freundlich bot.

Und allenthalben sprühten tausend Farben auf,
wie Lichter, die das hohe Jahr sich angesteckt,
die Sonne legt ihr wärmstes Leuchten drauf
und hält in Glühen ihren kurzen Lauf,
indem ein todesmüder Falter sich zum letzten
Fluge reckt.

Die Luft liegt still und völlig unbewegt,
und die Platanen stehen reglos in dem Garten.
Auf feuchte Wiesen sich ein sanfter Schleier legt,
darunter sich nicht Gras und Grille regt,
der Tag scheint auf die stille Nacht zu warten.

Sie kommt auch bald mit freundlichem Gefüge,
eindämmernd zart und wie gewöhnt
verhüllt sie Menschenleid und Haß und Lüge,
auf daß des Schlafes stiller Trost verbliebe
und Erd' und Himmel sich darin versöhnt.

Herbst ist geworden

Herbst ist geworden,
golden und rot,
Sonne so sanft,
alles im Lot.

Himmel und Bläue,
Lüfte so rein,
Zweige mit Birnen,
Hänge voll Wein.

Nahe die Berge,
die Lerche schon weit,
mein Herz ist alleine
für lange Zeit.

Warte und lausche,
sei nicht bang.
Fülle den Becher,
hör' den Gesang.

Bald schläft die Erde,
fern glüht ein Schein –
bald, liebe Seele,
kehren wir heim.

Später Herbst

Hohes Jahr, kurz und lang,
Nächte klar, tief und bang.

Letzte Sonne, kühler Wind,
alle Lieder gesungen sind.

Müde Blätter ohne Glanz,
bunte Falter – letzter Tanz. –

Ahornbäume ohne Kleid,
Kinderträume – lange Zeit. –

Was gewesen, war einst Pracht,
was geworden, fällt in Nacht.

Schoß der Erde, Mitternacht,
neue Ernte schläft schon sacht.

Geh' und Werde, Menschheitssein.
Tod in Erde – neuer Wein. –

Lieb' und Leiden, kurze Zeit –
Frucht bereiten – Ewigkeit.

Letzte Rose

Letzte Rose im September,
letzter Gruß und letzter Klang,
letzte Blätter, letzte Blüten,
letzter Kuß und letzter Sang.

Letzte Rose, voll entfaltet,
warst du einst auch knospenschön,
hast den Sommertag gestaltet,
Blatt für Blatt mußt du nun geh'n.

Letzte Rose, letzte Blüte,
letztes Blatt und Sommers Sang.
Noch im Fallen will behüten,
dem Urewiges gelang.

Et incarnatus est

Der im Licht erkoren
auf die Erde kam,
wird erneut geboren,
nimmt sich meiner an.

Alle Himmel schweigen,
hell wird jede Nacht,
und der Herr will zeigen,
was das Licht entfacht.

Fern sinkt jedes Dunkel,
Gottes Tür steht offen,
und im Lichtgefunkel
vermag auch ich zu hoffen.

Weihnacht

Wie sollt' ich Weg und Weisung finden
in dieser wirren Welt
und meine Leiden überwinden,
wenn mir kein Licht bestellt?

Wie könnt' ich durch das Dunkel geh'n
und woran sollt' ich mich bestärken
und jeden Tag erneut besteh'n,
wollt' nicht dein Arm mich bergen?

So geh' ich in der Finsternis
dem Stern und Stall entgegen,
auch wenn mein Herz am Dunkeln ist,
führst du mich tröstlich auf den Wegen.

Gebet

Herr, rufe mich nicht
vor meinem Abend,
noch ist mein Werk
nur halb getan,
es blickt in meines
Hauses Wänden
das Unvollendete
mich an.

Was je mit Lust
mein Herz bedacht
in Sonnenschein
und fruchtbetaut,
das nehme nicht,
eh' es vollbracht,
nachdem du mir
so groß vertraut.

Dem geliebten Menschen

Unter Zweigen von Tannen und herbstlicher
Glut – unter Rosen, Iris und Nelken
warst du nun hineingebettet.

Die Vielzahl der Kerzen beleuchten dir zitternd
den Weg aus der Hülle des irdischen Seins
zum Lichtstrahl des All. –

Du ahntest vor Tagen noch nicht, daß bald dich
die Stunde des Abschiedes schmerzt,
nicht war dir bewußt das Vergehen der Tage.

Du kamst aus Äonen von Sternen und hast
deine Spur hinterlassen in der Welt und in den
Herzen der Menschen, die dich liebten. –

Wie die Ringe des Baumes, wenn er gefällt,
sind die Ringe der Jahre gezählt, und die Hand
des unendlichen Geistes hat sie geschlossen,
damit die Seele frei für die heilige Glut,
die kein Herz je auf Erden erfahren. –

Das Lächeln auf deinem Antlitz, das die Majestät
des Todes hinterließ, wird nun bei den deinen
sein als tröstliche Hoffnung für die kommende
Zeit der fühlbaren Nähe deiner Seele. –

Du bist nicht von uns gegangen, du hast uns nicht verlassen – du bist nur leise geworden und ganz still. So still, wie nur das Ewige im All unserem Ohr ein Schweigen ist. – Es wird ein Schweigen der Seelen werden, wenn wir fortan deiner gedenken und dir in diesem Schweigen begegnen. – Lasse uns hinhorchen auf die ferne Sprache, mit der du zu uns sprichst. –

Und wenn ich denke an die Glut, die den Leib
dir verzehrte, dann möchte ich bitten,
sie werde zum Feuer ewiger Liebe.

Nur was im Keim enthalten

Gewaltig tiefe Stille,
wohin bist du entschwunden,
süßer Sang der Grille,
wer hat dich entbunden?

Stille nur auf Raten,
Lärm dich von ihr stößt,
in den lauten Taten
ist nichts, was uns erlöst.

Macht und Weltgewalten,
Streit und Neid zerschellt,
nur was im Keim enthalten
verwandelt still die Welt.

Fülle der Tage

Fülle unsere leeren Hände,
fülle sie mit lauter Licht,
sprenge alle hohen Wände,
leuchten laß' dein Angesicht.

Fülle unsere schöne Erde,
nehme ihr die dunkle Sicht,
daß auf Erden Friede werde,
leuchten laß' dein Angesicht.

Fülle alle späten Stunden,
golden steigt im Glas der Wein.
Lebenswunden sind verbunden
und die Leiden überwunden,
und die Liebe hüllt uns ein.

Letzte Reise

So kehre ich zur letzten Reise,
milde hat die Zeit geklärt,
nah' der Ewigkeit, was ungestüm mein
Herz begehrt, jetzt ist es Zeit.

Fast blind bin ich vorbeigegangen
an Lichtern, die du mir gesteckt
und warst doch je mein ganz Verlangen,
seit ich von deinem Glanz bedeckt.

Ich schweig' entgegen deiner Stille,
den Blick will ich nicht wenden,
die losen Dinge finden Ordnung
und lange Korridore enden.

Die lauten Straßen sich besinnen,
Lichter verlöschen,
ich kann beginnen,
im Dunkel zu seh'n.

Im Licht ward verborgen
was ich erzwang,
nah' ist der Morgen,
die Nacht ward lang.

Bestellt ist der Acker,
es singen die Winde
warm um die Saat
das Lied der werdenden Dinge. –
Heilige Ordnung – bald ist Mahd.

Per aspera ad astra

Weit ist uns're Wanderschaft,
dunkel unser Tun,
und doch seh' ich alle Nacht
still in Ewigkeiten ruh'n.

Leise steig ich aus dem Traum,
fern ward er und bang.
Was ich niemals konnte schau'n,
blüht an meines Lebens Baum.

Und ich blicke in die Helle,
leuchtend wird mein Angesicht,
und ich trinke von der Quelle,
und mein Leben steht im Licht.

Bilder der Nacht

Und alle Bilder dunkler Nacht,
sie waren nur ein Zeichen.
Als ich zu neuem Sein erwacht,
sie mußten alle weichen.

Im Lichtgefüge solcher Lust
sah ich die wunden Stunden,
und meine erdenschwere Brust
kann nur noch Dank bekunden.

Auszüge aus Briefen an die Verfasserin

Eleonore v. La Chevallerie,
Archivverwalterin von Gertrud v. Le Fort
„Ihre ‚Septembergedanken' habe ich besonders gern – ich glaube, das hätte Baronin v. Le Fort auch gut gefallen – ebenso ‚Die ewige Spur' in Inhalt und der Musik der Worte. Ich bin mit Ihren Gedichten und Gedanken in dauernden Gesprächen mit der heimgegangenen Baronin v. Le Fort."

Annemarie Meixner,
„Darf ich Ihnen sagen, daß ich vom ersten bis zum letzten Blatt Ihre Gedanken in mich aufnehme. Ich wiederhole immer wieder Ihre Worte in mir. Möge wirken, was Sie begnadet aussprechen. Es liegt so viel Trost, so viel Hoffnung und Vertrauen darin. – Dank . . . Dank."

Margarete Schürmann, Köln-Brück,
„Seit drei Jahren habe ich die furchtbare Krankheit Krebs, Operationen schlimmster Art, Bestrahlungen usw. Ich muß leben Tag für Tag mit dem Gedanken Krebs. – Durch Ihre Gedichte hole ich mir Kraft, weiter zu leben und mit dem Krebs zu kämpfen. Mein Dank an Sie, liebe Frau Zimmermann, und die innige Bitte, auch anderen kranken Menschen zu helfen, indem Sie Kraft und Trost geben wie mir."

Otto Müller-Serten,
„Sie gehören zu den wohl schmerzvoll Begnadeten, die bereits am Vorhang stehen, um einen Blick dahinter zu werfen. Das spürt man in Ihren Gedichten, in denen viel Leid und Tragik mit menschlicher Erfüllung sich zur Ganzheit verbinden. Das Hintergründige lichtet sich in Ihren Gedichten zur Glaubensgewißheit, die tröst-

lich ist. Die Musik Ihrer Sprache wird leicht zum Eigenbesitz und richtet auf, was durch lebenslange Skepsis verdunkelt wurde. Es gibt keine Leerräume mehr, es gibt nur noch das geistige Fluidum Ihrer Aussage, das den heutigen Menschen tröstlich hoffen läßt."

Inhaltsverzeichnis